宕昌羌傩舞

TANCHANGQIANGNUOWU

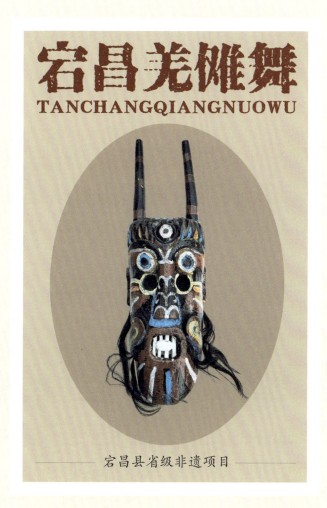

宕昌县省级非遗项目

宕昌县非物质文化遗产保护中心　编

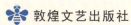敦煌文艺出版社

宕昌县城全貌（秦笃 拍摄）

编辑委员会

策　　划　王胜利
艺术指导　胡卫东　常红星

主　　编　李学军
副 主 编　赵廉杰
执行主编　韩彩军
编　　辑　牛小强　王艳芳
　　　　　杨志伟　沈录生
插　　画　刘玉清

宕昌县情简介

　　宕昌县位于甘肃省南部，陇南市西北部，地处青藏高原边缘和西秦岭、岷山两大山系支脉的交错地带，属温带大陆性气候区。全县辖 11 镇 14 乡 336 个行政村，总人口 28.53 万人（截至 2022 年底）。全县总面积 3331 平方公里，有 158 万亩森林、135 万亩草场，中药材种类达 692 种，素有"千年药乡""天然药库"之美誉。

官鹅沟鹿仁村远眺（秦笃 拍摄）

宕昌历史悠久，文化厚重。西晋永嘉元年（307年），羌族首领梁勤建立宕昌国，历时259年。隋初为宕州，唐天宝元年改为怀道郡，安史之乱后陷于吐蕃，北宋时收复置宕州。明清时由土司统治，长达561年。在长征中，红军一、二、四方面军分别于1935年9月和1936年8月，先后两次到达哈达铺，党中央、毛主席从当地邮政代办所报纸上获得陕北有红军和根据地的消息，做出了把红军长征落脚点放在陕北的重大决策。

官鹅天瀑（秦笃 拍摄）

人文荟萃，景观奇特。宕昌境内地形地貌复杂，既具北国之雄奇，

鹅嫚湖（秦笃 拍摄）

宕昌县城夜景（胡卫东 拍摄）

又有南国之秀丽，自然景观和人文景观交相辉映。全县已查明有价值的景点144处，其中自然景观101处、人文景观43处。风景如画的官鹅沟是国家AAAA级旅游景区、国家森林公园和国家地质公园，5A级景区创建已通过国家景观资源评审，2020年全县旅游综合收入突破 10 亿元，官鹅沟大景区门票收入达到 1647.4 万元。

物华天宝，资源富集。宕昌地处亚热带向暖温带过渡地段，全县有森林 158 万亩、草场 135 万亩。中药材种植历史悠久，种类达 692 种，《本草纲目》记载："当归出于当州、宕州、松州，以宕州者最胜"，"黄芪用黑水宕昌者，色白机理粗，新者亦甘而温补"，"大黄今出宕州、凉州、西羌、蜀地者皆佳"。目前，全县中药材种植面积达 40 万亩。

近年来，宕昌县坚持以习近平新时代中国特色社会主义思想为指导，认真贯彻习近平总书记对甘肃重要讲话重要指示和批示精神，深入落实中央和省、市各项决策部署，坚持以脱贫攻坚统揽经济社会发展全局，坚持不懈抓重点、补短板、强弱项，全力以赴攻克贫困堡垒，2020 年整县实现脱贫摘帽，历史性消除绝对贫困，为全面建成小康社会打下了坚实基础。特别是探索建立了农业产业"宕昌模式"并持续落实完善，初步形成了全县中药材、食用菌、养蜂和养鸡"四大产业"体系。

序 言

　　生命，简单地说，就是出生到死亡的过程。从历史的角度讲，人的一生如沧海一粟，如夜空流星，瞬间而过。但面对生死，不同的民族，有不同的生命理解，不同的信仰，造就了丰富的、具有民族特色的表达方式。

　　陇南市宕昌县新城子藏族乡新坪村和城关镇鹿仁村有一种传统舞蹈——傩舞。它的历史悠久，其形式虽是舞蹈，但准确地说是一种古老的祭祀仪式。苯苯"贡巴"头戴熊皮帽，头插锦鸡翎，身穿黑长袍，胸挂玛瑙链，左手翻天印，右手拨云剑，领着一队穿着怪异，甚至有些"凶神恶煞"的各路神仙，敲起牛皮鼓，吹动牛角号，跳开凶猛有力的舞蹈。八方瘟神恶魔闻风丧胆，四散而逃。

　　在古代贫困落后的宕昌羌藏村寨，这种古老淳朴的傩舞代代相传，成为人们战胜邪恶、远离灾祸、祈求平安幸福的精神寄托。而今，在改革开放的春风里，在精准扶贫和乡村振兴的阳光雨露里，在宕昌县委、县政府开发官鹅沟、争创 5A 级景区号角中，藏族同胞走上了旅游致富的康庄大道。宕昌羌傩舞作为省级非物质文化遗产，显然已失去了驱魔降怪的本义，但作为官鹅沟历史文化的印迹，这颗璀璨的明珠，又为宕昌旅游文化增添了一道靓丽的色彩。

　　习近平总书记说："提高国家文化软实力，要努力展示中华文

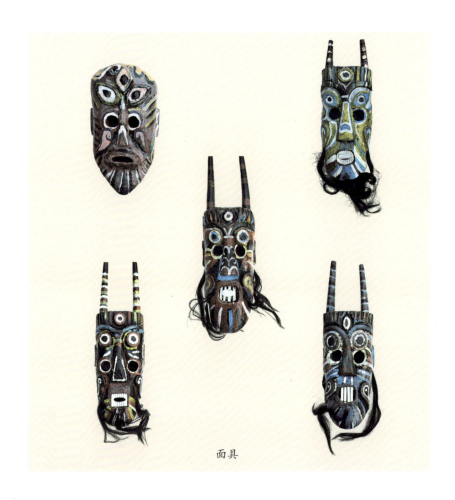

面具

化独特魅力。"宕昌羌傩舞也是中华文化中不可或缺的、具有鲜明民族特色的文化表现形式。我们有责任和义务介绍给大家,这既是文旅融合的需要,更是继承传统文化的使命。希望给大家带来愉悦的同时,更能感受到古代劳动人民战胜自然的智慧和人们不屈不挠的奋斗精神!

宕昌县文体广电和旅游局原局长 王胜利

目　录

宕昌

羌傩舞

tanchang qiangnuowu

文化研究

wenhua yanjiu

鹿仁村全景（2017 年 9 月 15 日沈录生 拍摄）

官鹅沟宕昌羌傩舞传习所（2017年9月15日沈录生 拍摄）

鹿仁村寨门（2017 年 10 月 1 日沈录生　拍摄）

官鹅沟宕昌羌傩舞相关文化场所 (2017 年 9 月 15 日沈录生 拍摄)

宕昌木家藏族信奉的苯教内涵

王普

苯教是一种万物有灵的信仰。它所崇拜的对象是天、地、日、月、星辰、雷电、冰雹、山川，甚至土石、草木、禽兽等万物。这是一种原始宗教，它把世界分为三个部分，即天上、地上、地下。天上的神名叫"赞"；地上的神称为"争"；地下的神圣叫"鲁"，也就是"龙神"。传说中的吐蕃聂赤赞普就是天神的儿子来到人间的。藏史《贤者喜宴》说：早期苯教分为两大类，一是获取天神善趣之果；二是为了卜卦、求福、人财两旺及施授送鬼等事。

苯教的巫师有两种：执行葬仪、举行占卜的巫师叫"准"或"德吾"，能做法祭祀的重要巫师称"先"。

再说宕昌县木家藏族信仰的苯教。

吐蕃赞普朗达磨灭佛之后，国内大乱，贝考赞被奴隶起义的平民所杀，致使吐蕃国内大乱，分崩离析，山南王系占领了甘青地区，其中，鲁黎部的一支占据宕、岷二州，把古老的苯教带进了岷、宕二州地区，直到北宋神宗熙宁六年，熙河路经略使王韶收复熙河五路，宕岷吐蕃大首领木令征投降宋廷止，苯教在岷宕地区已传播三百余年之久。宕昌的"蕃"族是北魏宕昌羌人和吐蕃人组成的共同体。

在元明时期宕昌"西蕃"人信奉的苯教属吐蕃的原始宗教"黑苯"，它是宗崇"万物有灵"的概念，"叶桑"（凤凰山神）是主宰一切的天神，人们在劳动生产、生活起居中的福祉、灾难都由天神来庇护，祈祷献牲是苯教的具体内容。明代中叶，岷州知州定而迦"广修寺刹、广招僧众"，把藏传佛教推向岷、宕二州，深居宕州的蕃族也广建寺院，从此佛教的部分内容也融入苯教中，即苯佛合为一体，把神佛分为三组，即天上、地上、地下三层。天神有许多兄弟给人降福、降祸，地神的"龙神"与人的疾病有关，"宁神"掌管自然灾害，也能使人干枯而死等等。这种佛苯结合的苯教称之为"白苯"。明代推行元代的"以土官治土民"的自治策略，把岷、宕二州划为许多土司管辖区域，又实行屯戍措施，从中原迁来大批汉族人民来岷、宕定居，作为"样民"来开发边陲，汉民信仰的神圣、供奉的家神、湫神也渐渐地融入苯教之中，形成了苯、佛、民间信仰融为一体的苯教"花苯"。

在苯教信仰中，天神叶桑是苯教的主神，它主宰婚嫁、丧葬、修造、稼穑等大事。遇有天灾人祸由巫师"苯波"进行"法事"，大则举行"脑后吼"（凶猛）舞会，杀牲祭祀，小则杀羊、鸡"煨桑"求祈祷告；至于头痛脑热小病小事由苯波给"小神阿妈"点灯、烧香、献上鸡蛋说些好话，不要为难自己的儿孙；杀鸡、杀羊浇洒鲜血让已死的豺狼、花豹等猛兽的灵魂也吃点"血食"离开村落，不要"害人"；供有"家神"的藏族遇事也跳"荷卜"（跳神），与凤凰山神无关。

从上述情况可以清晰地看出宕昌藏族信仰的苯教的演变过程。经兰州大学洲塔教授和西北民族大学傅千吉教授考证：宕昌官鹅沟藏族信仰的苯教源于唐宋，它的经文是由唐宋时期的古藏字写成，经卷也由32章组成。它的教案是一只叼条巨蟒的怪雕，有红、黄、青、

苯教经卷（2023 年 7 月 17 日赵廉杰 拍摄）

苯教经卷（2023 年 7 月 17 日赵廉杰 拍摄）

苯教经卷（2023 年 7 月 17 日赵廉杰 拍摄）

苯教经卷（2023 年 7 月 17 日赵廉杰 拍摄）

苯教经卷

白、黑五个头像组成的"五佛"代表着部落中五个英雄青年的形象，这些都是古代羌族的宗教习俗。它有别于藏传佛教的"扎给"（护神）神像，因此形成了别具一格的羌藏文化，有显著的地域特色。

参考资料：

[1]《西藏佛教史略》。

[2]《续资治通鉴》。

作者简介：

王普，字海天，号一勤，生于1935年9月1日，祖籍理川，现居宕昌，中专文化程度。原为宕昌县文化馆馆聘文物与考古人员、开源图书馆馆聘员工。陇南市书法家协会、武术协会、诗词学会、当代农民书画协会会员。多年来，坚持勤习书法、诗词、武术等文艺。著有《拾穗集》《乡土风情录》《荻草集》。

官鹅沟藏族苯教的祭祀仪式

王普

　　明、清以来的木家 16 部居住在官鹅沟，有的汉化，尚有果子山、官鹅、铁塄干、瓦舍坪、乔家族、阴坪里、立界山、鹿仁村等村寨的毛、乔、苗、杨姓藏族，他们是南北朝时期的宕昌羌族后裔，经过唐、宋时期吐蕃鲁黎部三百多年的统治，使他们同化为"蕃"人，又经明王朝拨归岷州土司马纪家族管理六百余年之后，成为现在的藏族人。他们保留着古代羌人的"万物有灵"信鬼神而崇拜巫师的原始宗教苯教的羌藏文化传统。

　　蕃人在元、明、清、民国时称"西蕃"人。蕃人把苯教的主神称"叶仙"，把沟通人与叶仙的媒介叫"苯波"。现今官鹅沟藏人把苯教主神称"叶桑"或称"浪背"（汉语为凤凰山神），把苯教称"拨应"。供奉叶桑的巫师称"贡卜"（也称"勾巴"）、称"伯布"。他们是世代家传、不脱产的神职人员。明、清时期各族都有，现留鹿仁、立界山、出岔、新坪、玉山（已汉化，没有继承人）等七位巫师。

　　在祭祀、祈祷宗教活动中，贡卜戴熊皮帽，帽上插两只"黑鹰"（雕类）翅羽、前额一方寸余大小"照妖镜"（铜镜），穿黑色长袍、项挂"都吉"（玛瑙、熊牙制成的项链）、"佛珠"、镶有野猪牙呈月牙形的"猪

苯教经卷（2023 年 7 月 17 日赵廉杰 拍摄）

苯教经卷（2023 年 7 月 17 日赵廉杰 拍摄）

牙"牌饰、咒语盒等法器。左手握"都知"（铜器），右手摇"把挡"（皮鼓），额前戴"五佛"冠。他的职责是：作法、施术，以法力驱逐山精、鬼怪，降伏恶魔。

伯布戴锦鸡羽毛及尾翎制作的毡帽，穿蓝色长袍，项挂"都吉"，足蹬毡靴，左手摇"寺捏"（铜钹），右手执苯教经文，他以经文度化、好话劝说死去的灵魂："我奉山神之命，施你们'血食赏赐'，请你们远离村舍，不要与人作对。"贡卜、伯布一文一武以好言安慰和武力镇压来维持天上、地上、地下的神鬼与人和睦相处，使藏家年丰人乐。

木家藏族的苯教活动有许多仪式，现以官鹅沟鹿仁、立界山为例作以概述。贡卜、伯布继承的毕业仪式：贡卜、伯布的继承人"拜师学艺"，学成之后毕业典礼的"搭衣"仪式叫"录"。毕业的徒生选定良辰吉日在自家准备物资，大做三日"法事"。第一天请来贡卜、伯布两位老师主持搭衣法事仪式，用糌粑捏成龙、蛇、虎、鸡、狗、牛和大山、珍珠宝物等各种供品，献给板面上画有凤凰山神图案和苯教经文叫"徐"（神圣）的"供斗"前（斗里盛粮食）。按照毕业弟子人数，各自用竹棍夹三张黄裱纸在自家供奉的神案前烧化，然后点灯、烧香、供献水果等各种食品，老师傅口念经文，徒生朗声附和。抓撒炒熟的青稞（叫"乃柱"），落在"拉应"上视为吉祥。小徒们有的吹"哑都"（牦牛角做的小喇叭），有的吹"哨都"（牦牛角做的大喇叭，也叫"搞都"）。在用各种颜色糊成的凤凰山神模样（叫"些徐"）前进行祈祷。第二天法事继续进行，敲锣打鼓吹喇叭，杀鸡宰羊杀牦牛，忙活得昼夜不停。到了第三天，进行祈祷舞蹈活动。舞蹈叫"巴得"和"西哈抖"，以12个人扮成"巴得"，戴人、神、牛头面具，穿上法衣及皮袄，戴着五佛冠，踏毡靴，敲法钺，摇铜铃，吹喇叭，敲皮鼓，在宽广场地踏着"卐"字形步法，声震四野，引来四乡群众围观，热闹非常。由12个青壮年扮演"西哈抖"，头戴面具，反穿皮袄，手执木刀冲向围观人群，抓住一人后，把木刀架在他的脖子上作宰杀动作，抓把炉灰撒在自身、竟往人多热闹处呐喊，是鸡就砍，是果就抢，意为驱散妖魔、解除灾难之举，人们情愿接受这种举动。这也是搭衣法事进入高潮之时，毕业仪式将要结束了，新一代的贡卜和伯布也被人们公认了。

"徐"与"些徐"的祈祀程序。

抬着东西走叫"霞"。抬小的叫"徐"，大的叫"些徐"，是一块木板上画的山神像，总称"徐霞"。如果家里有人经常生病、庄稼歉收、运气不佳等等，就请徐霞来祈祀。请伯布在"盖应"（藏历书）中择吉日进行祈祷。由两个18岁以上已婚男子，洗浴净身后去山头搬运供奉的凤凰山神旧牌位板块，一男子抱着板块底部，亮出山神画像去向伯布家里，另一人找松树、黄松、白桦、青冈、黄蒿树的树枝各一市尺，也拿给伯布。两人会于伯布家。伯布做完左手接徐、右手接树枝的仪式后，三人前往许愿人家，伯布在另一块木板上"依样画瓢"的方法画一新的山神——徐的样子，连同树枝、旧徐供在斗里，然后请"家神"、五方五帝神圣，以净水做成的"拿应"（供品）放在一块木板上，伯布念五帝经，主人将它放在十字路上。杀鸡沾血、烧"血玛"（沾血白纸）、吃鸡肉还愿。然后由原来请徐的两个青年，抬着新、旧徐板，带上供品，捡上三个石头把山神画像板块送回原处，这次徐霞程序暂告结束。第二年法事继续进行，程序同前。第三年除了和第一、二年活动大致相同外，只是多画一个徐，多宰一只羊，叫作"奔整"，意为三年许愿，现已结束。这种宗教活动延续至今。

宕昌羌傩舞相关实物（2023 年 7 月 27 日沈录生 拍摄）

宕昌苯教经匣（2023 年 7 月 17 日赵廉杰 拍摄）

"闸山神"的仪式名为"寺子成"。闸山神在宕昌境内许多村庄都有流行，汉化了的原藏人村寨除请伯布"闸山"外，也请藏传佛教的喇嘛替代这项活动。

凤凰山神位置是选在林木深处的山头上，在高大的青松树身上，以桦木捆着画有凤凰山神神像，写着苯教经义的藏文文字的木板——寺子。这是一处神圣的禁地，受到当地藏人的全力保护，任何人畜都不能进入该区域。祖祖辈辈，年复一年地增加新的画像，使山神体积逐渐增大。每年在苯教巫师的主持下，由"烧老"（群众每年一次选出的"青苗"，专管祭祀活动）收集钱粮于农历四月开始闸山，举行仪式。依鹿仁村举办的寺子成为例，来揭示闸山的程序。每年农历四月十五日这天，赶一头活猪，捉一只公鸡，到寨都山砍白桦树树枝，捆成一个很大的人形寺子，立在山顶，面向村寨，双臂拥抱作保护村庄的姿势。巫师们把自己妆扮起来跳"脑后吼"舞，念闸山经文，小徒们用荞面做供品，燃起篝火，垒起锅灶，杀鸡宰羊敬献山神。猪头、猪蹄插在树干上，吃完肉、喝完汤，事了回村，路上不能乱喊乱叫，进村后悄然无声，各自回家。

隔日四月十七日，去抬寺子到水沟山顶，仪式程序与寨都山相同。十八日需要宰杀猪或鸡，事先卜卦定好，去仁家山又进行寺子仪式。这是闸山程序结束的一天。闸山仪式每年一次，代代相传不息。

装"宝扎"是藏寨百年不遇的一件宗教大事，也是一次历时最长、程序繁杂的祭祀活动。若遇山神依附的大树枯萎，就须重选闸山地点，再寻大树"装藏"，举行规格最高的装"宝扎"仪式。

2003年，官鹅沟、鹿仁村苗姓藏族供奉的凤凰山神的松树老病枯干，伯布卜卦请示山神是否重新换树。在2005年的卜问中，得到山神"给卦"同意后，再次卜卦询问"装藏"的具体日期，卦卜定在 2006 年元月 21 日重振寺子。于是，在元月 15 日，众民与巫师携带香蜡纸表，挑选一只强健的雄鸡来山神林地，点燃灯火、香纸祷告山神"显圣"指示，给雄鸡项上绑上红布，向项背浇洒"者倍"（茶水）和"朝倍"（烧酒），雄鸡抖动翅膀，在林中稳步慢行，为山神造形寻找新的地方。找寻中，雄鸡来到树林平坦之地，围绕一株直径约 25 厘米的云杉树，引颈高亢，长鸣三声。有人要求雄鸡再叫三声，方显山神有灵。不负所求，雄鸡果然高叫三声，众人以为神奇，跪拜于地，心悦诚服，就将山神新址定在此处。巫师杨高清、苗赵生义用红心柳做成骨架、荞面捏成凤头、木条做成足趾，糊上白纸，完成一只凤凰造像，供在桌上。

当晚巫师开始诵经，从苯经的"舍胡"（鸡编）开始，直至午夜方休。第二天又念"热胡"（羊编），第三日每家至少来一人参加"宝藏"开始仪式，众人将旧址"宝藏"处的大石，迁到新址，再将旧址中成千的卵石运到新址，填入砌成半圆形的石墙内，在原宝藏瓶内倒进净水，装入"太平通宝"钱币，还有银币、珍珠、玛瑙、朱砂等"八宝"禳物以及其他珍贵东西，将瓶埋在松树根边，盖压石板上放老鹰头骨一个。最后将宽 3 寸、长 4.5 尺四面里有经文的"四方"柏木立在松树前，把原有的旧画像木板包住四方木，以藤条绕树三匝，凤凰山神的新造像就落成了。从此，这里一板一木、一石一树已转化成神圣的物体了，人们"畏而敬之"，不敢破坏其一草一木。原来啼叫选址的雄鸡放生在这块圣地，伴着山神的造像老死山林，落个善始善终的结局。

这是一种古代羌人的图腾崇拜，至今流传在少数藏族村寨，它反映出古人的宗教信仰与民族的文化习俗。宕昌木家藏族信奉的苯教既有古羌人"右巫信鬼"的传统，又有藏传佛教、"扎格"（护神）信仰，更渗入了部分汉族民间信仰的成分，形成了一种独具特色的

宕昌羌傩舞省级代表性传承人苗赵生义为徒弟指点苯教经卷（2013年7月27日沈录生 拍摄）

宕昌羌傩舞相关实物苯教经卷（2013年7月27日沈录生 拍摄）

苯教文化（2023年7月17日赵廉杰 拍摄）

羌傩舞面具（2023年7月17日赵廉杰 拍摄）

民族文化，形成了苯教中的一支"花苯"宗教的本色，久传不衰。

此文根据《宕昌文史资料》第八辑中，苗德明文章及实地调查资料择要撰写而成。

作者简介：

王普，字海天，号一勤，生于 1935 年 9 月 1 日，祖籍理川，现居宕昌，中专文化程度。原为宕昌县文化馆馆聘文物与考古人员、开源图书馆馆聘员工。陇南市书法家协会、武术协会、诗词学会、当代农民书画协会会员。多年来，坚持勤习书法、诗词、武术等文艺。著有《拾穗集》《乡土风情录》《荻草集》。

宕昌藏族脑后吼（凶猛舞）

"凤凰山神"及"脑后吼"舞

王普

宕昌木家藏族信仰古老的原始宗教苯教，供奉的主神是凤凰山神。

凤凰山神的来由是：昔日羌水河心横躺着一块巨石，石头中潜伏着一条巨蟒，它白天噬畜，夜间袭人，许多牛羊被吞食，部分人家遭侵害。人们白天整日担心牛马被食，晚上紧闭户门不敢外出，巨蟒给羌寨带来极大的祸害。当时寨中有五个青年英雄持刀仗剑去羌河降妖。到了河边只见河水滔滔，波浪滚滚，五人齐下河中把住石头楞角，齐心合力想把大石掀动，但是大石丝毫未动，因为使力过猛，他们的脸上变了颜色，气喘吁吁。正在五个青年无计可施之际，天空飞来一只大鸟，头如巴斗，眼似铜铃，展开双翅盖住河面，哈哈大笑："五个人连块石头都掀不动，还能降伏妖精吗？闪开！待我收拾这个孽障。"五青年上岸看大鸟降妖，只见大鸟几声长啸山摇地动，大翅一扇，河心巨石被掀上岸。妖蛇伸出几十丈长的身躯，张着血盆大口吞向大鸟。这只大鸟神通广大，它不躲不避，一口叼住了妖蛇的脖子，妖蛇又甩开尾巴抽打大鸟，大鸟一爪抓住妖蛇的尾巴，一爪拧住蛇身，扇开大翅风呼雷动地飞上蓝天，飞向雪山去了。

妖精被降了，寨子平安了。羌人为了报答大鸟恩情，把它尊为"凤凰"，尊为羌寨的保护神"山神爷爷"，把降妖叨蛇的生动画面画成"神案"，又把五个勇敢去降妖的青年相貌也画在案上。据说五个青年搬河心大石时，因用力过猛，脸上变成了红、黄、蓝、白、黑五种颜色，称为"五方神"。

后来又把狼、豹、狐狸等动物形象画在凤凰山神座下（苯教认为走兽的魂灵也能"害人"，把它们也供奉在案上）。之后，又把藏传佛教的神灵纳入案上，就成了一幅羌、藏合一的"白苯"图腾崇拜神案了。

凤凰山神是当地藏族生活中的一切主宰，凡是暴雨成灾、天旱日晒、疾病流行的年月，藏村在农历十一月或十二月，跳宕昌羌傩

展演羌傩舞（王胜利 2020 年 8 月摄于宕昌县山湾梦谷）

舞（也叫"脑后吼"舞），祈祷凤凰山神驱除妖邪，保佑五谷丰登、六畜兴旺、清吉平安。

"脑后吼"汉语有"凶猛"之意。跳"脑后吼"舞就是以武力、法力驱赶一切邪气妖魔。

祈祀舞蹈的场地设在旷阔的草滩或打麦场上，中心点燃一堆柴

宕昌羌傩舞民间活动（2017年9月13日沈录生 拍摄）

火，燃烧柏枝，香气四溢。锣鼓铿锵，声震山村，"搞都"（牛角喇叭）呜咽，响彻云霄。一队人马登场亮相：巫师"苯波"戴着毡帽，穿上绸袍项挂"尕欧"，手敲"司爱"（铜制法器），默念"苯苯经"咒，劝说"山精水怪"离开村寨；另一巫师"勾巴"头戴由锦鸡羽毛、雕翎妆成的熊皮大帽，手执牛尾，以武力驱赶妖魔鬼魅立刻逃避；

宕昌羌傩舞民间文化活动（2017 年 9 月 13 日沈录生 拍摄）

宕昌羌傩舞民间文化活动（2017 年 9 月 13 日沈录生 拍摄）

还有头戴佛冠，牛头马面的诸神舞刀弄棒，敲打法器，"扎给"（护法神）吆喝助阵；一尊面戴"巴哈扯"（牛头面具），翻穿长毛皮袄，手舞砍刀，摆动犄角，随着锣鼓点子，踏着"干巴路"的舞步，忽左忽右，乍进乍退，酷似一头凶猛的牦牛向四方抵触。他是古代武都牦牛羌人崇拜的图腾额尔冬大神，他法力无边与格萨尔王相提并论。

宕昌羌傩舞（脑后吼舞）夜以继日，延续三日。期间四沟、三乡、三十余村寨的藏族都有代表参加。穿上节日盛装，拿着油蜡香火来看舞敬神。四方商贾，当地小贩也来赶会，出售杂货。

宕昌羌傩舞（脑后吼舞）是宕昌羌人融入吐蕃后，保留和传承的古羌文化，具有独有的文化特色，甘肃省已把它定为省级非物质文化遗产保护下来。

注释：

[1] "苯波"：供奉"叶桑"的巫师，他以法力善化一切。

[2] "勾巴"：也是巫师，他以武力驱逐一切。

[3] "凤凰山神"：藏语称"叶桑""叶仙""浪背"，是祖先或朋友给人造福之意。

文化和自然遗产日展演（2020 年 6 月 10 日沈录生 拍摄）

作者简介：

　　王普，字海天，号一勤，生于 1935 年 9 月 1 日，祖籍理川，现居宕昌，中专文化程度。原为宕昌县文化馆馆聘文物与考古人员、开源图书馆馆聘员工。陇南市书法家协会、武术协会、诗词学会、当代农民书画协会会员。多年来，坚持勤习书法、诗词、武术等文艺。著有《拾穗集》《乡土风情录》《获草集》。

"脑后吼"舞的研究历程

王普

宕昌羌人信仰的苯教有一种祈祀的舞蹈叫"脑后吼",脑后吼是汉语凶猛的意思。每逢藏家村寨暴雨成灾或疾病流行时都要跳"脑后吼"舞,以求"叶桑"(苯教主神)保护,消灾降幅。

1988 年武都地区文化处派寇连英同志来宕昌挖掘这个舞蹈。宕昌县文化馆派群文工作人员王普为向导去官鹅沟找苯教巫师"苯

羌傩舞展演(王胜利 2020 年 8 月摄于宕昌县山湾梦谷)

苯""勾巴"等神职人员，实地调查苯教及脑后吼舞蹈的具体情况。当时供奉叶桑的村子有很多，新坪、出尕、岳藏铺、鹿仁、立界山都有神职人员。我们选择了思想比较开放的立界山苯苯杨平顺保为采访和挖掘对象，提出要看看"凤凰山神"及所有"神圣"的图案、"苯苯经"及跳脑后吼舞的服装、道具，却遭到藏族群众的极力反对，他们说："不能随便就看，要挑选吉日、打卦问神、杀鸡宰羊才能展示。"采访、挖掘工作受到阻挠。但我在藏民中"拜哥"（朋友）多，走访了村里有威望的老人、青年学生，说服了村干部同意打卦问神、杀鸡"煨桑"，让苯苯杨平顺保公开了苯教"神案"、跳舞的各种服装、道具，约定吉日在官鹅坪县政协委员王义忠家打麦场演示"脑后吼"舞。

"脑后吼"舞演出时，麦场上挂起了凤凰山神及各种神佛的画像，麦场中心燃烧起柴火，苯苯巫师戴熊皮、锦鸡羽毛、雕翎装饰的帽子，其余妆扮成各种神佛戴上牛头、马面等各种面具，穿着彩缎法衣、反穿皮袄，敲打"时爱"（铜器）、吹起"搞都"（牛角喇叭），拿起木制刀具，在鼓、锣声中摆开了"干巴路"的舞步，中头摆动犄角、众神舞动刀枪，忽前忽后、乍进乍退，以逆时针倒转的路线驱赶"山精鬼怪""凶神恶煞"。动作十分凶猛，场面相当激烈，历时两小时，灭火收场。

后来寇连英在省级报刊上发表一篇宕昌官鹅沟《牛头马面舞》的文章，引来许多文史工作人员寻踪牛头马面舞的出处。宕昌县文化局、文化馆的文博人员又去叩苯苯巫师的门，却常吃闭门羹。

适值全国旅游产业蓬勃发展。宕昌县也提出了"三色旅游"开发，官鹅沟是开发的重点，"脑后吼"舞研究又摆上议事日程。采访、挖掘、研究、提高、创作的任务又落到文化单位、文博人员的肩上。由文体局副局长张建栋，文化馆群文工作人员王普、何晓虹等人组

宕昌羌傩舞民间文化展演 (2017 年 9 月 15 日沈录生 拍摄)

成的挖掘小组又赴藏村拜访村干部、苯苯、勾巴等有关人员，进行五次发掘。不巧的是立界山苯苯巫师杨平顺保因病去世，只有去鹿仁村寻该村巫师苗赵生义，另辟蹊径。鹿仁村有两位在县级单位工作的干部，通过他们的开导及西北民族大学付千吉教授、兰州大学西北少数民族研究中心洲搭教授等对鹿仁苯苯经卷的研究、解释，我们又通过对各种民族史料的查阅、探讨，初步弄清了脑后吼的内容及苯教的涵义。

战国中期秦国向西扩张，羌酋印"畏秦之威"，率众沿赐支河渠（今青海贵德县）向西南大规模迁徙，一部进居今甘南州的碌曲、玛曲、迭部、舟曲，称"参狼"羌（古称白龙江河谷为参狼谷）。唐显庆年间吐蕃抢占了青海、甘肃大部地域，其中吐蕃的鲁黎部占领了洮、

宕昌羌傩舞表演时，在属相必和当年属相相同的苯苯带领下按既定路线走八卦舞步，藏语名叫"甘八路"（2017年9月13日沈录生 拍摄）

宕昌羌傩舞领舞（2017年9月13日沈录生 拍摄）

岷、迭、宕四州之地，从唐、五代，直至北宋末年。鲁黎部在北宋神宗时，首领鬼章占据今临潭、卓尼，又一首领青宜可占有迭州（今迭部、舟曲一带），大首领木令征统有岷、宕二州。吐蕃鲁黎部占据宕州后，把吐蕃旧贵族信奉的苯教落地于宕州生根发芽。历经宋、元、明、清、民国，至今苯教及其祈祷仪式"脑后吼"还在宕昌县四沟、三乡、三十个村寨的木家藏族中长盛不衰。

说到脑后吼祈祷仪式的内涵，先要了解"叶桑"的来源。叶桑的含义是祖先、朋友最高神圣之称谓。宕昌官鹅沟苯教的叶桑是"凤凰山神"。相传古时官鹅河中一巨石下盘踞一条大蟒，经常吞噬人畜。寨中挑选出五个青年前去铲除妖蛇，可是他们抬不动河中巨石，脸上变了颜色，显出红、黄、蓝、白、黑面容。正在无奈之际，空中飞过一只凤凰大翅一扇，巨石上岸，妖蟒伸空张开血盆大口吞食凤凰，

宕昌羌傩舞展演活动（2023年6月22日赵廉杰 拍摄）

宕昌羌傩舞授徒活动 (2017年9月13日沈录生 拍摄)

凤凰大笑，一口叼住蟒蛇脖颈、抓住腰尾，飞向雪山云际。羌人把凤凰降妖的姿态绘成图像，尊为"山神"供奉起来，五个降妖青年也画在山神座下尊为神人。

凤凰山神是天上的"神"，五个青年是地上的"神"，还有虎、狼、熊、豹是地下的神，这些地下之神是唐玄奘在取经时打死的灵魂，它们能在村中"兴风作怪"，也安抚为地下的神，由巫师给它们吃点"血食"，要求它们"安分守己"作为叶桑属下。跳脑后吼就是祈求叶桑及其所属神怪们保佑人们的安全生产与生活。

脑后吼舞中有"勾巴"以武力对付山精鬼怪，"苯苯"念经劝说妖魔魍魉，其余神圣协助造势，牛头人身的是羌人崇拜的大神额尔冬，他的地位与法力和格萨尔王相提并论，这么一个强大的斗争场面就叫"脑后吼"，译成汉语就是"凶猛"二字。这就符合苯教祈祷的原意。

现今官鹅沟成为陇南市的旅游胜地，给原始的祈神仪式添入了民族民俗文化的新鲜血液，成为"古为今用"别具一格的舞蹈节目，赢得了游人的高度赞誉。

参考文献：

[1] 《后汉书》、《羌族史》（四川大学著）、《续资治通鉴》。

宕昌羌傩舞在鹅嫚沟为游客展演（2023 年 6 月 20 日赵廉杰 拍摄）

宕昌羌傩舞面具舞者（ 2019 年 9 月 15 日沈录生 拍摄）

作者简介：

王普，字海天，号一勤，生于一九三五年九月一日，祖籍理川，现居宕昌，中专文化程度。原为宕昌县文化馆馆凭文物与考古人员、开源图书馆馆凭员工，陇南市书协、武协、诗词学会、当代农民书画协会会员。多年来，坚持勤习书法、诗词、武术、等文艺。著有《拾穗集》《乡土风情录》《荻草集》诗词二册。

宕昌县省级非遗项目——《宕昌羌傩舞》

羌傩舞

tanchang qiangnuowu

项目概述

xiangmu gaishu

项目概述

项目总体概况

宕昌羌傩舞又称"脑后吼""木家藏族凶猛舞"，是藏族苯教祭祀活动中的舞蹈，是傩文化的一种。傩舞是源于氏族社会的一种用来祭祀和驱鬼逐疫的民间仪式舞蹈，有军傩、宫傩和乡傩等形式。宕昌羌傩舞为乡傩，因其地处汉藏交界地带而呈现独特的过渡文化特质。

宕昌羌傩舞流传于生活在自然条件恶劣、物质生活匮乏的陇南宕昌县官鹅沟、大河坝沟、拉界沟和川平沟等信奉苯教和凤凰山神的藏族聚居区内。相传，宕昌羌傩舞为纪念为民除害凤凰山神和部落的五位英雄，但史料记载，宕昌羌傩舞是木家藏族根据古傩舞、苯教文化和古羌文化创造而成，且传承了数百年。

每逢苯苯学成出师以及村寨有疾病、冰雹、瘟疫等不幸和灾害时，藏民就在苯苯主持下于腊月举行驱鬼逐疫仪式，集体跳宕昌羌傩舞。该舞由 10—15 人组成，其中舞者 10 人。表演时，在苯苯带领下按既定路线走八卦舞步，藏语名叫甘八路。领舞者 5 人，老大为"贡巴"，老二名"苟巴"，每人服饰、冠饰和法器不同。其中，老三、老四、老五各戴代表五方神灵的五佛冠，手拿碟铃和牛角喇叭。后跟 5 人

羌傩舞展演（王胜利 2020 年 8 月摄于宕昌县山湾梦谷）

头戴牛头马面面具，反穿皮袄，腰间系大铜铃，双手拿木刀。起舞时，随皮鼓和牛角号的音乐节奏，屈膝抬脚拧身，忽进乍退。从左开始绕圈，反复进行三次。同时，苯苯诵念《曲经》或《喜乐山神经》，祈求山神护佑藏家村寨平安、风调雨顺、五谷丰登和人畜健康。

宕昌羌傩舞是苯教解决藏族村寨面临的自然灾害和不幸而采取的祭祀仪式的组成部分，它是中华民族傩文化的重要构成内容。它蕴含着藏族劝人向善、济世救人、社会和谐、追求美好生活和与自然和谐相处的精神理念、刚柔相济的生命张扬意识以及古朴、雄浑的艺术风格。它体现当地藏族认识、理解自然和多民族交融的能力和文化创造力。宕昌羌傩舞在历史、民俗、艺术和推进民族交往交流交融方面具有重要的价值。在当前大力传承民族文化、精准扶贫和文旅融合的背景下，宕昌羌傩舞在传承民族文化，发展民俗生态旅游和实现精准扶贫方面具有重要作用。

宕昌羌傩舞仪式（胡卫东 2014 年摄于宕昌县城关镇鹿仁村）

宕昌羌傩舞仪式（胡卫东 2014 年摄于宕昌县城关镇鹿仁村）

基本内容

　　宕昌羌傩舞俗称"脑后吼"，又叫"木家藏族凶猛舞"，是藏族苯教一种典型的祭祀舞蹈，为傩文化一种。

　　每逢苯苯学成出师以及村寨有疾病、冰雹、瘟疫等不幸和灾害时，藏民就在苯苯主持下于腊月举行驱鬼逐疫仪式，集体跳宕昌羌傩舞。该舞由 10—15 人组成，其中舞者 10 人。表演时，在属相必和当年属相相同的苯苯带领下按既定路线走八卦舞步，藏语名叫甘八路。领舞者 5 人，老大为"贡巴"，老二名"苟巴"，每人服饰、冠饰和法器不同。其中，老三、老四、老五各戴代表五方神灵的五佛冠，

羌傩舞为游客展演（王胜利 2020 年 8 月摄于宕昌县山湾梦谷）

宕昌羌傩舞民间活动（2017 年 9 月 13 日沈录生 拍摄）

羌傩舞展演（胡卫东 拍摄）

手拿碟铃和牛角喇叭。后跟 5 人头戴牛头马面面具，反穿皮袄，腰间系大铜铃，双手拿木刀。起舞时，舞者上身前俯，双腿屈膝形成半屈蹲状，随皮鼓和牛角号的音乐节奏，屈膝抬脚拧身，忽进乍退。从左开始绕圈，反复进行三次。该舞动作简洁有力，乐器节拍急促，尽显粗犷、雄浑、古朴之美。同时，苯苯诵念《曲经》或《喜乐山神经》，祈求神灵护佑藏家村寨平安、风调雨顺、五谷丰登和人畜健康。

分布区域

宕昌羌傩舞广泛流传于甘肃省陇南市宕昌县城关镇和新城子藏族乡的木家藏族地区。"宕昌"一名为藏语音译，当地藏族人民用汉语读"宕昌"为"汤昌"。宕昌位于甘肃甘南安多藏区东北边缘，属汉藏过渡地带，当地藏族人口以散居的方式居住在群山中，官鹅沟、大河坝沟、拉界沟和川平沟为宕昌藏族主要聚居区。宕昌藏族信仰苯教和凤凰山神，这与邻近川北安多藏区及卫藏、康区有共同的精神特质，同时因其地处汉藏文化过渡地带而独具文化特质。

宕昌县历来为多民族杂居区，至今还生活着汉族、藏族、回族、蒙古族、满族和东乡族等民族。宕昌县城关镇位于宕昌县中部，共辖 16 个行政村，它距官鹅沟大景区和大河坝风景区 7 公里，距哈达铺长征纪念馆 36 公里。新城子藏族乡位于县城东南部 5 公里处，全乡辖 9 个行政村。城关镇的鹿仁、阴坪、立界、拉界、水泉坪，新城子藏族乡的新坪、牛头山、乔家村、岳藏铺等信奉凤凰山神的藏族村寨在祭祀活动中跳宕昌羌傩舞。

所在区域及其地理环境

宕昌县位于甘肃省南部，陇南市西北部。东邻礼县，南通武都，西接甘南藏族自治州舟曲县和迭部县，北接定西市岷县。宕昌藏族以山林种植和采摘为主要生计方式，使用汉语和藏语两种语言，与卫藏、康藏和安多三大核心藏区有明显不同。

宕昌藏族所在区域河谷深切，千沟万壑，交通不便，区内自然条件恶劣，暴雨、冰雹时常发生，野兽常出没，为应对复杂的地理状况和危险的自然环境，藏族形成敬畏自然，信仰山神和崇尚勇猛的精神。苯教也因其"上祭天神，下镇鬼怪，中兴人宅"的作用，用来祈求神灵、镇压鬼怪和安宁村寨。宕昌藏族一切死生大事，没

宕昌羌傩舞流传区域之鹿仁村一角（2017年9月15日沈录生 拍摄）

宕昌羌傩舞流传区域之鹅嫚沟（2017年9月15日沈录生 拍摄）

宕昌羌傩舞流传区域之立界村（杨建栋 拍摄）

宕昌羌傩舞流传区域之阴坪村（杨建栋 拍摄）

宕昌羌傩舞流传区域之岳藏甫村（杨建栋 拍摄）

有苯教巫师苯苯参与，当地人就会觉得恐慌无措，魂魄无着。当地藏族主要信奉凤凰山神，凤凰山神在当地民众意识中有至高无上的地位，苯苯所做的仪轨、唱诵和舞蹈都与之相关。宕昌苯苯将天、地、日、月、星辰、雷电、冰雹、山川、土石、禽兽等万物都视为凤凰山神将官。宕昌羌傩舞是在此种环境中形成的情感和精神的艺术表达。

历史渊源

宕昌羌傩舞是源自古老的羌藏民族的宗教祭祀活动，史料记载，宕昌藏族是南北朝宕昌羌人和唐宋时吐蕃鲁黎部木家蕃人的后裔。民国以后，木家蕃人改称为木家藏族。木家藏族居住在千沟万壑之地，

羌傩舞仪式（胡卫东2014年摄于宕昌县城关镇鹿仁村）

以粗放的种植和狩猎为生，物质生活匮乏，经常受到野兽和疾病的困扰。为祛病辟邪，族中苯苯便行法祈求神灵，驱赶山精鬼怪，傩舞由此而生。在跳傩舞时，苯苯要念苯教《喜乐山神经》来娱乐山神。清康熙《岷州志·岁时》记载："番僧之年少者，戴五佛冠，衣五色舞衣，向佛前跳舞，名曰喜佛……十四日跳护神……次扮龙、虎、狮、象，舞于坛内，诸护神乃出……面具或青，或赤，或黑，各衣大袖绣袍"。说明宕昌地区跳傩舞的习俗由来已久。因为宕昌藏族民众心态和行为深受苯教文化的影响，所以，宕昌羌傩舞能历经民族交融而在民间保存至今，显示出强大的生命力。

当地传说认为傩舞是为纪念族中五个青年和凤凰山神共同铲除水怪所跳，其中五佛冠就是被奉为神灵的五位青年。

主要传承人·传承群体

宕昌羌傩舞主要依靠家传和师承两种方式，现有省级传承人苗赵生义，县级传承人苗文平、杨张庆、苗左林代、苗海珍、苗五生保、苗有清、苗春俊、杨映升等，苗七家顺和毛月清为一般传承人。

苗赵生义，宕昌羌傩舞省级传承人，1965 年 5 月生，甘肃省宕昌县城关镇鹿仁村苯苯，师传其父，熟练掌握宕昌羌傩舞基本套路，定期组织传承教授宕昌羌傩舞，为传播宕昌羌傩舞做出重要贡献。

苗海珍（注：不清），男，宕昌羌傩舞县级传承人，1958 年 7 月生，甘肃宕昌县城关镇阴坪村苯苯，熟练掌握宕昌羌傩舞步伐和舞姿，在集体活动跳宕昌羌傩舞，同时也为宕昌羌傩舞培养传承人。

苗五生保（注：已去世），宕昌羌傩舞县级传承人，1956 年 5 月生，甘肃省宕昌县城关镇鹿仁村苯苯，熟练掌握宕昌羌傩舞步伐和舞姿，

（杨建栋 拍摄）

（沈录生 拍摄）

在集体活动跳宕昌羌傩舞，同时也为宕昌羌傩舞培养传承人。

苗永清（注：不清），男，宕昌羌傩舞县级传承人，1957年2月生，甘肃宕昌县城关镇阴坪村苯苯，熟练掌握宕昌羌傩舞步伐和舞姿，在集体活动跳宕昌羌傩舞，同时也为宕昌羌傩舞培养传承人。

苗七家顺，男，1971年生，甘肃宕昌县城关镇鹿仁村人，宕昌羌傩舞传习者，掌握宕昌羌傩舞基本步伐和舞姿，一边跟老苯苯学习，一边参加宕昌羌傩舞活动。

毛月清，男，1972年生，宕昌羌傩舞传习者，甘肃宕昌县城关镇鹿仁村人，掌握宕昌羌傩舞基本步伐和舞姿，一边跟老苯苯学习，一边参加宕昌羌傩舞活动。

主要特征

1. 丰富的精神理念。宕昌羌傩舞以舞蹈为线索，将宕昌地区藏族民众对自然的认知、历史、信仰、传说、绘画和集体意识融合在一起，表现出当地藏族人们劝人向善、济世救人、社会和谐、追求美好生活和与自然和谐相处的精神理念。

2. 生命的张扬。宕昌羌傩舞借助神灵威力驱除山精鬼怪，自然灾害和疾病，用念诵、手执刀剑、戴面具等身体象征的方式安抚和征服自然，体现藏族人生命张扬中的刚柔相济特质。

3. 文化创造力和过渡性。宕昌羌傩舞是历史上藏羌等民族互动和文化交流的结果，体现出典型的多民族地区文化交融和民族交往特点。宕昌羌傩舞中拨浪鼓、五佛冠、面具和羊毛法衣等当地文化要素的兼收并蓄典型体现出当地民众在吸纳整合不同民族文化方面的文化创造性和过渡性。

4.艺术特性。宕昌羌傩舞是苯教祭祀活动的一部分，表现出对苯教祭祀活动的依存性，体现出简朴的音乐节奏和粗犷、雄浑的民间舞蹈特征。

重要价值

1.历史价值。宕昌羌傩舞是民间苯教祭祀活动的重要载体，它呈现的丰富内涵对研究藏族早期历史、藏族宗教发展史都有重要的价值。

2.促进民族交往交融。宕昌羌傩舞是当地藏族历史、民族交往和文化记忆的一种媒介。它是深入理解汉藏交界地带藏羌历史、民

鹿仁村定期举行羌傩舞传承教学活动，图为宕昌羌傩舞省级传承人苗赵生义利用农闲时带徒授艺（2017年9月沈录生 拍摄）

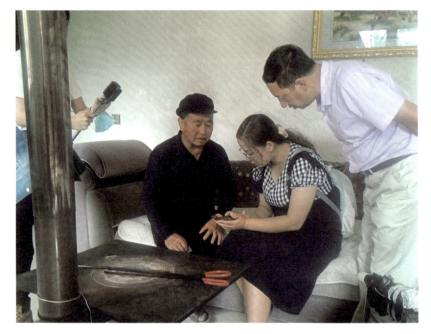

与西北民族大学学生一起调研宕昌羌傩舞（赵廉杰　拍摄）

与西北民族大学学生一起调研宕昌羌傩舞（赵廉杰 拍摄）

与地方文化学者交流、座谈

宕昌羌傩舞省级代表性传承人苗赵生义在北京参加交流活动

族迁徙流动、民族交融、文化传播和变迁的绝佳对象。它对我们理解当地藏族的物质民俗、社会习俗和精神民俗方面交融特征都具有重大的价值。

3. 艺术价值。宕昌羌傩舞中的神话传说、精美雕刻和绘画、音乐和舞步等重要内容对理解宕昌藏族审美观念，对民间艺术资源的挖掘和整理以及艺术形式的创造转化都有重要意义。

4.推动社会和谐。宕昌羌傩舞是当地重要的集体习俗，蕴含重要的社会规范和道德精神，这对凝聚社会群体和促进民族交融都有重要价值。同时，宕昌羌傩舞对丰富百姓文化生活，维护和谐自然生态，传承和弘扬优秀传统文化有重要的作用。

存续状况

全球化和民族地区现代经济社会发展改变宕昌羌傩舞依存的生态和社会环境，缩小了宕昌羌傩舞的传承空间，宕昌羌傩舞的传承主体、传承场景和传承方式都已经发生改变。宕昌羌傩舞不仅是宕昌藏族的传统舞蹈和集体活动，而且是具有重要历史、艺术、社会、民族交融等方面的传统文化资源。然而，村寨传承人年龄偏大，后

调研宕昌羌傩舞实物保存情况（2017 年 7 月 27 日沈录生 拍摄）

宕昌羌傩舞传承人及传承群体培训（2023年4月赵廉杰 拍摄）

鹅嫚小学宕昌羌傩舞进校园活动（2017 年 9 月 14 日沈录生 拍摄）

继乏人的情况比较严重。为更好地传承和发展这一珍贵的传统文化，从2007年开始，宕昌羌傩舞逐级申报入选非物质文化遗产名录项目，成立宕昌羌傩舞传承基地，举办培训班，建立包括宕昌羌傩舞在内的苯教文献传习所，使得宕昌羌傩舞的保护和传承有较大改善。此外，2003年，宕昌县与甘肃省艺术专业人员合作创作出艺术作品《宕昌牛头鼓舞》。目前，除专门的保护传承基地和艺术作品外，在村寨的集体活动中，宕昌县城关镇和新城子藏族乡的藏族百姓依然传承和践行这一古老祭祀舞蹈。

相关实物及文化场所

1. 主要器乐：宕昌羌傩舞中的器乐主要有大小皮鼓各1个、牛角喇叭1个，碟铃5个。

2. 道具：宕昌羌傩舞在具体舞蹈表演中需要面具5个、木制大刀5把、拨浪鼓2个、拨云剑1个、铜铃1个、翻天印1个和苯教经卷若干。

3. 服饰：熊皮雕翎帽1顶、毡帽1顶、羊皮袄5件、绸缎长衫5件、五佛冠3顶。

4. 文化场所：1）凤凰山神祭祀场所，凤凰山神是当地藏族信奉的山神，每个村落都有自己祭祀凤凰山神的地方。2）各村寨公共场地，这是村寨举行集体活动的地方，也是跳宕昌羌傩舞的场所。3）城关镇鹿仁村苯教文化广场和苯教文化传习所，这是宕昌县投资兴建的文化场所，其中包括宕昌羌傩舞的传承。

五佛冠

法器

羊皮衣、鞋

熊皮帽

鼓锤、牛角号、鼓

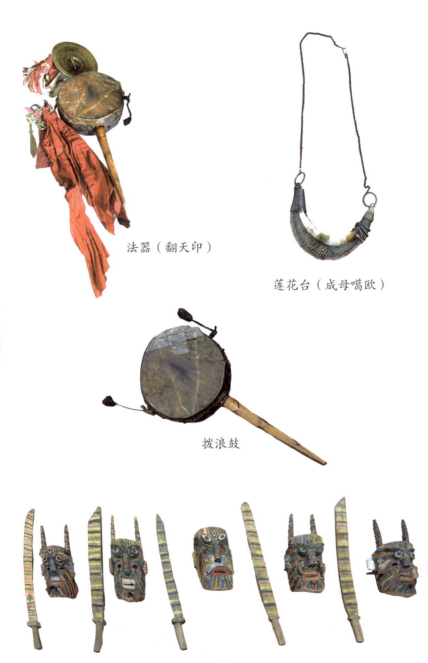

法器（翻天印）

莲花台（成母噶欧）

拨浪鼓

五方神面具和木刀

羌傩舞系列版画

宕昌羌傩舞图 三 辛丑年夏月

宕昌羌傩舞图 四 辛丑年夏月

宕昌羌傩舞起止路线示意图

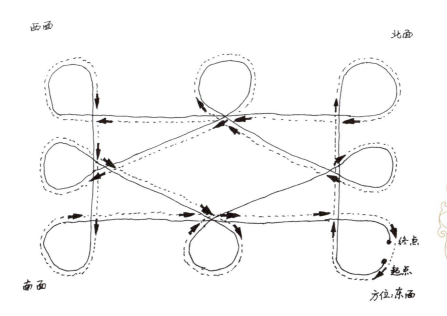

插画作者:

　　刘玉清,现为宕昌县三区文化志愿者、陇南市美术家协会会员、宕昌县美术家协会副主席,2020年获"陇南市最美志愿者""陇南市民间艺术师"称号。

图书在版编目（ＣＩＰ）数据

宕昌羌傩舞/宕昌县非物质文化遗产保护中心编
. -- 兰州 : 敦煌文艺出版社 , 2023.8
ISBN 978-7-5468-2429-1

Ⅰ.①宕… Ⅱ.①宕… Ⅲ.①羌族－傩文化－研究－
宕昌县 Ⅳ.① K892.24

中国国家版本馆 CIP 数据核字 (2023) 第 167981 号

宕昌羌傩舞

宕昌县非物质文化遗产保护中心　编

责任编辑：杜鹏鹏　左文绚
装帧设计：杜坤远
设计制版：兰州艺品文化发展有限公司

敦煌文艺出版社出版、发行
地址：（730030）兰州市城关区曹家巷 1 号新闻出版大厦
邮箱：dunhuangwenyi1958@163.com
0931-2131397（编辑部）
0931-2131387（发行部）

甘肃兴业印务有限公司印刷
开本 710 毫米 ×1020 毫米　1/16　印张 5.5　字数 70 千
2023 年 10 月第 1 版　2023 年 10 月第 1 次印刷
印数：1～3500

ISBN 978-7-5468-2429-1

定价：68.00 元